AF245043

LA MAJORITÉ

DU

QUATRIÈME NAPOLÉON

PAR

LÉONCE DUPONT

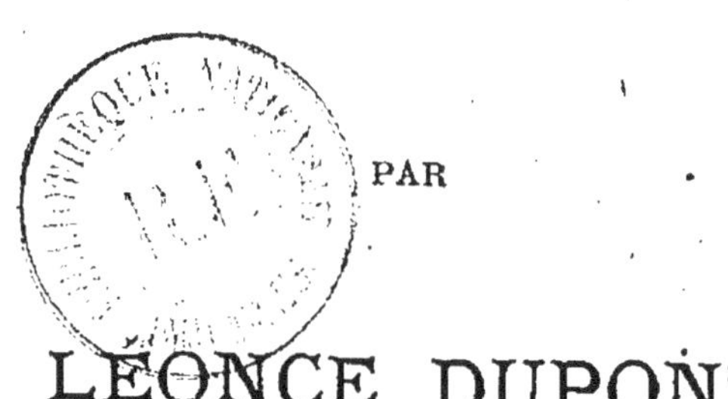

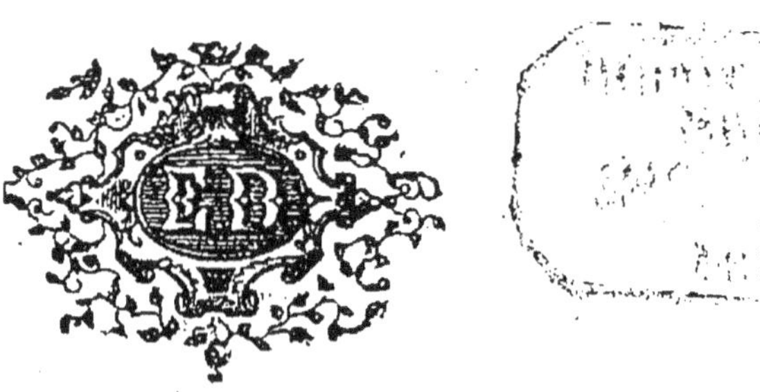

PARIS

E. DENTU, ÉDITEUR

LIBRAIRE DE LA SOCIÉTÉ DES GENS DE LETTRES

PALAIS-ROYAL, 17 ET 19, GALERIE D'ORLÉANS

1874

LA MAJORITÉ

DU

QUATRIÈME NAPOLÉON

On se rappelle où en étaient la France et l'Empire, en 1856, lorsque le Prince impérial vint au monde ; je vais montrer où en sont la France et la République lorsque le fils de l'Empereur atteint ses dix-huit ans.

La France est dans l'état le plus précaire ; elle est appauvrie au point qu'il n'y a plus de travail pour les ouvriers. On est obligé de leur venir en aide par des souscriptions et de retirer du mont-de-piété les matelas que la misère y a fait engager. Il a fallu que le maréchal de Mac Mahon choisît le prétexte d'une visite au Tribunal de commerce pour annoncer, dans un discours, que son gouvernement était plus solide et serait plus durable qu'on ne semblait le croire ; qu'il ferait bientôt percer des rues, construire des ponts et des travaux de défense autour de Paris. De son côté, l'Assemblée, voulant encourager un peu l'argent et la consommation, a voté trois cent mille francs pour donner des fêtes au palais de l'Élysée ; le Tribunal de commerce a offert, dans

Depuis quatre ans que l'Empire est renversé, on ne peut pas dire que la République, proclamée le 4 Septembre au soir par M. Gambetta, se soit consolidée. On a vu, au contraire, la plupart des républicains mis de côté. Il ne faut plus parler de M. Jules Favre, de M. Picard, de M. Jules Ferry, de M. Gambetta. M. Rochefort a été déporté à la Nouvelle-Calédonie où sont allés aussi, à la suite des crimes de la Commune, beaucoup de fondateurs de la République actuelle. Nous ne sommes pas non plus en monarchie : c'est bien par des partisans de la monarchie que la France est gouvernée ; mais ils ont fait et ils font encore tous les jours d'infructueuses tentatives pour rétablir le régime qu'ils préfèrent. Après avoir publiquement déclaré que rien n'était pire que le provisoire, ils n'ont pu créer un état définitif ; ils sont réduits à nous laisser dans le provisoire et à prétendre que nous y sommes à merveille. Les élections ne sont jamais favorables aux ministres ; elles marquent une tendance absolument contraire à leur politique. Cependant, par les choix que fait le suffrage universel, on voit moins facilement ce qu'il désire que ce qu'il repousse.

Sans une autorité suffisante au dedans, le gouvernement qui a pris le nom de *Septennat*, manque de prestige au dehors. Tout se passe sans lui et même contre lui. On profite de ce qu'il laisse la France impuissante pour préparer une solution du conflit oriental contraire à nos intérêts. Les trois grandes puissances du Nord s'unissent comme pour une nouvelle coalition ; l'Italie, que nous avons faite indépendante et forte, nous délaisse pour la Prusse. L'Espagne profite de notre faiblesse pour se livrer à des orgies de république et de guerre civile. Il n'y a plus personne qui nous aime ou qui nous craigne. Même sous le règne de Louis-Philippe, nous n'étions pas aussi dédaignés.

Tout porte à croire que cette situation n'est pas près de changer ; les causes qui l'ont produite restant les mêmes, elle ne fera qu'empirer. Le Gouvernement qui s'intitule conservateur menace de s'affaiblir de plus en plus ; bientôt il sera hors d'état de rien conserver. Il cherche sa force dans une combinaison parlementaire qu'on appelle la *conjonction des centres* et ne peut pas plus opérer cette *conjonction* qu'il n'a pu faire la Fusion ou restaurer un d'Orléans. Le salut n'est dans aucune des solutions qu'il recherche ; il est dans le rétablissement du ◢droit populaire qu'il évite, et dans la restauration d'une dynastie qu'il ne peut souffrir.

Lorsque le Prince Impérial arrive à l'âge de sa majorité, l'abîme entre le Gouvernement et le pays est aussi profond qu'il peut être. La France, à qui tout manque et qui ne veut pas abandonner tout espoir, semble, depuis quelque temps, avoir surmonté les préjugés qu'on lui avait fait concevoir contre la monarchie précédente ; des témoignages non équivoques de sympathie ont été envoyés à l'Impératrice et au Prince exilés. Les plus notoires adversaires du régime impérial sont les premiers à signaler le flot montant du Bonapartisme ; ils poussent des cris d'alarme. On entend dans les journaux les échos de leurs doléances ; on les a surpris aussi dans une lettre confidentielle écrite par un membre de l'Assemblée à un ministre. C'est là qu'on lisait des phrases comme celle-ci :

« Il y a un mois, il n'y avait pas un dixième
« de Bonapartistes dans mon département; aujour-
« d'hui les paysans passent du rouge à l'Empire.
« Peut-être est-il temps encore d'arrêter ce cou-
« rant; certes, d'ici à très-peu de temps, ce sera
« impossible... Les écluses bonapartistes sont
« lâchées ; les paroles, quelque fermes et bien
« tournées qu'elles soient, ne changeront pas l'o-
« pinion publique, qui est convaincue du retour
« inévitable et prochain de l'Empire. Cela va
« vite et très-vite, et je confesse que tout en votant
« contre la loi des maires, je ne m'attendais pas
« à l'extrême impulsion que son application a
« donnée au mouvement bonapartiste... Fran-
« chement, il n'y a pas lieu de s'étonner que la
« France tourne à l'Empire, quand on ne lui
« montre en perspective que la Monarchie qu'on
« déclare impossible et la République qu'on dé-
« clare détestable. »

Le membre du Cabinet, à qui s'adressait cette lettre, s'est trouvé bien empêché sans doute pour remédier au mal qui lui était signalé en termes si inquiétants; mais le duc de Broglie a eu l'idée de rédiger une circulaire où les angoisses du Gouvernement étaient traduites et divulguées. Dans ce document, le ministre de l'intérieur parlait aux préfets du voyage que les Bonapartistes se proposaient de faire en Angleterre à l'occasion de la majorité du Prince Impérial; il ne pouvait s'empêcher de reconnaître que ce voyage ne regardait guère le Gouvernement et que les motifs qui le provoquaient pouvaient correspondre à des sentiments très-honorables. Toutefois, M. le duc de Broglie n'admettait point que la date du 16 mars fût considérée par les amis de l'Empire comme pouvant établir en faveur du fils de Napoléon III un droit politique qu'il prétend être contraire aux décisions de l'Assemblée. Le ministre ne se livre à toutes ces considérations que pour arriver à interdire aux fonctionnaires qui en auraient envie d'entreprendre le voyage de Chislehurst.

De son côté, le ministre de la guerre, à qui des généraux avaient demandé la permission d'aller rendre hommage au fils de l'Empereur, a fait répondre par le général Ranson qu'ils ne pourraient réaliser ce projet qu'avant le 12 ou après le 20 mars.

La préoccupation du Gouvernement et les précautions illusoires prises pour empêcher la manifestation traduisaient les inquiétudes des républicains, des orléanistes et des royalistes, dont la coalition a empêché depuis quatre ans le droit populaire de triompher. Cependant, elles ne contrariaient pas sérieusement les impérialistes, à qui ces craintes donnaient la mesure de leur importance numérique et de leur influence morale. Ils furent même ravis de ce que le Gouvernement se chargeait de faire savoir à la France entière et aux puissances étrangères que les fonctionnaires eux-mêmes du *Septennat* étaient leurs partisans, qu'ils avaient des soutiens dans l'état major de l'armée. Tout ce qu'on pouvait tenter pour leur nuire ne faisait qu'activer les tendances bonapartistes de la nation. Il n'entrait pas d'ailleurs dans les projets des partisans de l'appel au peuple de troubler en rien l'ordre de choses provisoire qu'ils avaient contribué à fonder. Dans une lettre adressée au rédacteur d'une feuille Bonapartiste de Clermont-Ferrand, qui avait encouru une amende pour attaques au fameux *Septennat*, M. Rouher avait fort nettement déclaré dans quelle mesure il entendrait soutenir cette forme inusitée de Gouvernement. Pouvait-il, comme chef de parti, approuver des actes qu'il répudiait comme député ?

L'ancien ministre de l'Empereur ne cessa donc de recommander la plus extrême prudence ; mais il encouragea dans les départements l'organisation de comités chargés de désigner des délégués pour se rendre en Angleterre. M. le duc de Padoue, une des personnalités les plus hautes et les plus sympathiques de l'Empire, fut choisi pour centraliser à Paris ce mouvement et pour le régulariser. Les adhésions arrivèrent en si grand nombre, qu'il fallait s'occuper plutôt de les écarter que de les attirer. On vit, par cet empressement, combien le Bonapartisme était encore vivace dans les parties de la France où on le croyait le plus affaibli. Toutefois, malgré le zèle dont chacun faisait preuve, il n'entrait certainement dans les prévisions de personne que le nombre des pèlerins de Chislehurst pût dépasser le chiffre de deux mille ou deux mille cinq cents. Il fallait tenir compte, en effet, des frais que nécessite toujours un déplacement, des fatigues d'un voyage qui comprend une traversée et les petits inconvénients de la mer. Pour braver tous ces obstacles, il faut avoir une ardeur de conviction bien rare en ce pays, des ressources et des loisirs dont tout le monde ne dispose point. Du reste, même en estimant à ce nombre de deux mille les Français qui devaient se rendre à Londres pour l'anniversaire du 16 mars, on excédait de beaucoup le nombre des fidèles royalistes qui allèrent, en 1843, à Belgrave-Square rendre visite au comte de Chambord, et le nombre des orléanistes qui, après la mort de Louis-Philippe, allèrent à Twickenham rendre hommage au comte de Paris.

La manifestation allait dépasser de beaucoup ces modestes évaluations. Dès le 12 mars, malgré de violentes giboulées où le vent, la neige et la pluie faisaient une coalition semblable à la coalition des trois partis ennemis de l'Empire, les chemins du Nord et de l'Ouest commencèrent le transport des voyageurs bonapartistes ; le 13, le 14 et le 15 ils en emportaient des trains entiers. Le dimanche au soir, c'est-à-dire au dernier moment, une véritable foule arrivait à la gare du Nord et prenait des billets pour Charing-Cross. En Angleterre, à Newhaven, à Folkstone, à Douvres, depuis Guillaume le Conquérant, on n'avait vu tant de Français envahir les côtes. Dans la matinée du 16, le dernier billet que l'on délivra dans la salle Willis Room, King street, lieu de rendez-vous des pèlerins, portait le numéro 7,875.

Le matin du 16 mars, cette belle affluence s'embarqua dans les gares de Charing Cross, de Waterloo et de London Bridge pour se rendre à Chislehurst. Dans la gare de Charing Cross, ce départ eut pour spectateur M. le général duc d'Aumale, qu'on s'étonna beaucoup de voir à pareille fête. S'il n'avait une permission spéciale du ministre de la guerre, ce prince se trouvait en contravention aux ordres formels de l'autorité supérieure, qui avait interdit aux généraux d'aller en Angleterre pendant la manifestation bonapartiste. Un prince d'Orléans a donc vu, de ses yeux vu, de quelle ardeur étaient animés tous ces Français et combien ils étaient nombreux ; il les a vus monter en chemin de fer ; il a dû entendre leurs propos ; au besoin, il pourrait assurer à son Gouvernement qu'il n'y a point une cause en France qui soit capable d'exciter un pareil concours.

A peine arrivés à la station de Chislehurst, les voyageurs prenaient les chemins qui contournent les pentes boisées de ces cottages pour se rendre à la petite église de Sainte-Mary. Là ils ont d'abord salué l'Empereur dans sa nouvelle tombe de granit. Puis, cette foule, se rangeant dans le cimetière et sur la route, forme la haie pour laisser passer le jeune Prince et sa Mère, qui vont se rendre à l'église. Quand ils paraissent, suivis des Princes et de toute leur Maison, les fronts s'inclinent avec respect, les cris retentissent. Ceux qui, l'année précédente, s'étaient trouvés réunis dans ce même cimetière, autour de cette même église, pour les funérailles de Napoléon III, n'ont pu se défendre d'admirer les desseins de Dieu qui fait éclater les consolations là même où ses salles d'audience, un grand bal qui a coûté plus de cent cinquante mille francs. Mme de Mac Mahon a rallumé les fourneaux économiques que les municipalités républicaines avaient laissé s'éteindre. Tous ces efforts généreux accusent les progrès de la misère plus qu'ils ne les conjurent. Après comme avant les fêtes de bienfaisance, les ateliers restent sans commandes ; les patrons n'ont plus besoin d'ouvriers, et les ouvriers ne peuvent satisfaire aucun de leurs besoins.

Dans les campagnes, le revenu diminue et l'impôt augmente toujours ; l'impôt envahit tout ; il frappe la terre et ses produits ; il atteint les objets les plus indispensables ; il ne respecte guère que le vice et le superflu. L'agriculture paye un aussi large tribut que l'industrie. Le paysan ne se croit plus dans ce bon pays où il eut, pendant les derniers vingt ans, la vie si aisée : il achetait de la terre, mangeait et buvait à son gré, se portait à merveille, mettait de l'argent de côté pour le placer avantageusement. Comment est-il possible que sa condition soit si changée ? Le campagnard ne peut se défendre de comparer sa position passée avec sa position présente et de regretter celle-là.

Il trouve, il est vrai, que le gouvernement actuel est plus bruyant que ne l'était le précédent, mais qu'il fait une triste besogne. On dérange les électeurs un peu plus souvent, mais on n'en est pas plus pressé de faire leur volonté. Le paysan attend le plébiscite pour se faire un meilleur sort : le plébiscite ne vient pas, et on ne nous laisse pas espérer qu'il viendra bientôt.

il a fait couler les larmes. Ils ont remarqué aussi combien s'est accru, depuis un an, le nombre des amis de la dynastie impériale. Le 15 janvier 1873, la petite église et le cimetière suffisaient à les contenir ; maintenant ils débordent jusque sur les routes et sur le *common* de Chislehurst.

Lorsque, en descendant de voiture devant la chapelle, ils se virent dans une pareille foule de Français, l'Impératrice et son Fils éprouvèrent une émotion profonde ; les cris qui saluaient le Prince Impérial, les marques de respect qui leur étaient prodiguées, leur donnèrent un moment l'illusion qu'ils étaient transportés sur la terre de France. Si dans le sarcophage où il était couché, l'Empereur entendit les premiers éclats de cette manifestation, il remercia Dieu de donner cette joie et cette réparation à sa cendre.

L'abbé Godard célébra la messe et prêcha. La circonstance et le sujet l'inspirèrent aussi bien que l'avait inspiré la dernière fête du 15 août : il refit le panégyrique de l'Empereur ; il montra le doigt de Dieu dans les événements accomplis et dans ceux qui s'accomplissaient à l'heure même où il parlait. Le discours et la messe achevés, toutes les personnes présentes dans la chapelle et celles qui étaient dehors commencèrent à défiler devant le tombeau de l'Empereur. Le granit bleu avait presque disparu sous une montagne de couronnes et de bouquets de violettes. Pendant que la chapelle catholique de Sainte-Mary était le théâtre de ces prières et de ces émotions, le petit temple protestant situé dans le voisinage se pavoisait aussi des couleurs françaises et mettait ses cloches en branle. Ces sonneries se mêlaient aux vivats, aux parfums des fleurs, aux émanations printanières dont l'air était embaumé. Le soleil, qui est fidèle aux Bonaparte, resplendissait joyeusement : il échauffait les âmes et faisait éclater l'enthousiasme. On arrachait les lierres qui rampent contre les murs de la chapelle, on cassait les branches des arbres ; chacun voulait emporter un souvenir de la tombe impériale.

L'Impératrice et son Fils revinrent à Camden Place dans la calèche découverte qui les avait apportés. Quand ils y arrivèrent, plus de sept mille Français occupaient déjà le parc ; il y avait sur le côté de la maison, un peu à droite de la façade, une tente pavoisée de drapeaux tricolores, au fond de laquelle avaient pris place les dames et les grands dignitaires. Un maître des cérémonies, qui n'était point M. Feuillet de Conches, avait tout ordonné avec le plus grand soin ; des poteaux plantés le long de l'allée principale portaient les noms des départements. La foule s'était divisée par groupes autour de chacun de ces poteaux ; chaque groupe avait à sa tête les délégués et le personnage qui devait les présenter. C'était, pour la plupart, un ancien député ou un ancien préfet. Toute la patrie était là ; ces sept mille Français la représentaient à Chislehurst comme elle n'est représentée nulle part. Il est à remarquer que, sur les quatre-vingt-treize préfets qui étaient en fonctions le 4 Septembre, soixante-cinq, parmi ceux qui sont restés fidèles à l'Empire, assistent à la fête de la majorité.

Il y a aussi des membres de l'Assemblée nationale. Ce sont : MM. Rouher, Abbatucci, Gavini, Galloni d'Istria, Arthur Legrand, de Valon, baron Eschassériaux, baron Vast-Vimeux, Boffinton, Sarette, comte Ginoux de Fermon, Martenot, Haentjens, Levert, Sens, Prax-Paris. Parmi les anciens ministres de l'Empereur, douze sont présents et entourent le Prince ; ce sont, outre M. Rouher, le marquis de La Valette, le duc de Padoue, le comte de Casabianca, le duc de Gramont, M. Henri Chevreau, M. Pinard, M. Grandperret, M. Gressier, M. Armand Béhic, M. Mége, M. Busson-Billault. Le baron Jérôme David manquait à ce groupe ministériel ; mais il avait pour excuse la mort de son fils, qui était arrivée au moment où l'ancien ministre des travaux publics allait se rendre en Angleterre. M. Émile Ollivier a été retenu à Paris pour d'autres raisons ; mais en faisant, dans son discours académique, et contre le gré de M. Guizot, un éloge délicat de Napoléon III, l'ancien garde des sceaux a payé un beau tribut d'hommages à l'héritier de l'Empereur.

Quand tout le monde a été placé, les rideaux de la tente ont été soulevés et, sur une estrade dressée en avant, le Prince Impérial est apparu en frac noir, avec la plaque et le grand cordon de la Légion d'honneur. Il avait à ses côtés, mais à quelques pas en arrière, l'Impératrice, pâle d'émotion, qui, pour la première fois depuis son veuvage, se montrait en demi-deuil. Le prince Lucien Bonaparte et le prince Murat sont un peu plus en arrière ; dans le fond de la tente, devant les dames, se tiennent les anciens ministres, ornés de leurs plaques et de leurs cordons. Cet appareil ne manque point de grandeur ; il produit sur la foule un effet indescriptible : ceux qui n'avaient point revu le Prince depuis son enfance le retrouvaient grandi, fortifié, mûri par les années et par le travail ; il se montrait dans une sorte d'apothéose où le prestige de l'exil s'ajoutait au charme de la jeunesse.

On s'attendrit, on verse des larmes, on pousse des cris d'enthousiasme.

Cependant M. le duc de Padoue, en sa qualité de président des comités départementaux, s'avance de quelques pas vers le Prince et lit un discours, souvent interrompu par des applaudissements. Les premières phrases contiennent des louanges pour l'Empereur défunt. Le duc de Padoue s'attache ensuite à bien préciser le caractère de la réunion ; il dit que les Français, au nom desquels il parle, ont voulu proclamer leurs croyances devant le représentant d'une dynastie qui a régné en France pendant plus de trente années. Ces croyances consistent à revendiquer le droit qu'a la nation de se donner à elle-même un gouvernement ; il indique les titres du Prince Impérial à représenter et à garantir les droits que la dynastie des Napoléon, « fondée, relevée, soutenue par d'innombrables suffrages, » a toujours représentés et garantis. L'orateur ajoute que la nation française n'est pas aussi versatile ni aussi révolutionnaire qu'on le croit ; que, malgré les agitations de la surface, la foi politique du peuple est restée inébranlable. La harangue de M. le duc de Padoue se termine par ces mots :

« Attendez donc avec confiance. Personne n'ar-
« rêtera le courant national ; vivez les heures de
« l'exil dans le recueillement et le travail, en-
« touré des tendresses d'une mère dont le cou-
« rage et la patriotique abnégation ont marqué
« la noble place dans l'histoire : mais soyez prêt
« pour les desseins de la Providence. »

Ces dernières paroles ont été longuement accla-
mées. Lorsque l'enthousiasme qu'elles avaient
excité fut calmé, le Prince prit la parole, et d'une
voix pleine, vibrante, qui ne semblait pas sortir
d'une poitrine aussi jeune, il prononça ce petit discours qui devait avoir un retentissement européen :

« Messieurs,

« En vous réunissant ici aujourd'hui, vous avez obéi
à un sentiment de fidélité envers le souvenir de l'Empereur, et c'est de quoi je veux d'abord vous remercier.
La conscience publique a vengé des calomnies cette
grande mémoire et voit l'Empereur sous ses traits vé-
ritables.

« Vous qui venez de diverses contrées du pays, vous
pouvez rendre ces témoignages : son règne n'a été
qu'une constante sollicitude pour le bien de tous ; sa dernière journée sur la terre de France a été une journée
d'héroïsme et d'abnégation.

« Votre présence autour de moi, les adresses qui me
parviennent en grand nombre attestent combien la
France est inquiète de ses destinées futures : l'ordre est
protégé par l'épée du duc de Magenta, ancien compagnon des gloires et des malheurs de mon père ; sa
loyauté nous est un sûr garant qu'il ne laissera pas
exposé aux surprises des partis le dépôt qu'il a reçu.
Mais l'ordre matériel n'est pas la sécurité.

« L'avenir demeure inconnu, les intérêts s'en effrayent,
les passions peuvent en abuser.

« De là est né le sentiment dont vous m'apportez
l'écho, celui qui entraîne l'opinion avec une puissance
irrésistible vers un recours direct à la nation pour jeter

les fondements d'un gouvernement définitif. Le plébiscite, c'est le salut et c'est le droit, la force rendue au pouvoir et l'ère des longues sécurités rouverte au pays : c'est un grand parti national, sans vainqueurs ni vaincus, s'élevant au-dessus de tous pour les réconcilier.

« La France, librement consultée, jettera-t-elle les yeux sur le fils de Napoléon III ? Cette pensée éveille en moi moins d'orgueil que de défiance de mes forces. L'Empereur m'a appris de quel poids pèse l'autorité souveraine, même sur de viriles épaules, et combien sont nécessaires, pour accomplir une si haute mission, la foi en soi-même et le sentiment du devoir.

« C'est cette foi qui me donnera ce qui manque à ma jeunesse. Uni à ma mère par la plus tendre et la plus reconnaissante affection, je travaillerai sans relâche à devancer le progrès des années. Quand l'heure sera venue, si un autre gouvernement réunit les suffrages du plus grand nombre, je m'inclinerai avec respect devant la décision du pays. Si le nom des Napoléons sort pour la huitième fois des urnes populaires, je suis prêt à accepter la responsabilité que m'imposerait le vote de la nation.

« Telle est ma pensée : je vous remercie d'avoir parcouru une longue route pour venir en recueillir l'expression.

« Reportez aux absents mon souvenir, à la France les vœux de l'un de ses enfants : mon courage et ma vie lui appartiennent.

« Que Dieu veille sur elle et lui rende ses prospérités et sa grandeur ! »

C'est par ces belles déclarations que l'héritier de Napoléon III est entré en possession du droit que lui confèrent les sénatus-consultes et le plébiscite de 1870. Il ne pouvait donner une meilleure sanction à sa majorité constitutionnelle que de parler avec un tact, une justice et une mesure que les hommes mûrs auxquels la France obéit depuis quatre ans n'ont pas encore montrés. C'est être v[illegible] majeur que de reconnaître et de proclam[illegible] présence des abus qui se font du parlementarisme et de la forme provisoire, que la véritable source de la souveraineté est dans le peuple, que la véritable garantie de l'ordre est dans la manifestation légale de la volonté nationale. Des hommes rompus aux intrigues politiques, courbés sous le poids des essais qu'ils ont tentés et des révolutions qu'ils ont aidé à faire, ne savent rien inventer de mieux pour la satisfaction de cette grande nation que des républiques conservatrices ou des républiques sans républicains, toutes républiques issues de l'émeute, réhabilitées par des gens qui les exploitent et ne les peuvent aimer ; n'est-il pas majeur le jeune homme qui, en face de ces barbons, vient prononcer cette phrase d'une admirable concision : « Le plébiscite, c'est le salut et c'est le droit » ? Alors que chacun brigue le pouvoir et tâche de l'accaparer à son profit personnel, sans regarder s'il plaît à la nation d'être gouvernée de cette sorte ; alors que ceux-ci veulent imposer une monarchie et un drapeau surannés ; alors que ceux-là prennent des chemins tortueux pour surprendre la France et s'emparer d'elle une seconde fois ; alors que d'autres parlent encore de maintenir une république qui porte au front les souillures de la trahison et de la guerre civile, n'est-il pas majeur le jeune homme qui jette à tous les ambitieux ces nobles paroles : « Quand l'heure sera venue, si un autre gouvernement réunit les suffrages du plus grand nombre, je m'inclinerai avec respect devant la décision du pays » ? On ne peut nier que ce langage ne soit d'un homme, et, ce qui vaut mieux encore, d'un honnête homme.

La qualité principale du petit discours de Chislehurst, c'est d'avoir concilié la nécessité de ne point ébranler le Septennat avec le désir de faire prévaloir l'idée napoléonienne. L'idée napoléonienne eût peut-être exigé qu'après avoir parlé respectueusement de la sublime abnégation de l'Empereur et de la fatale journée de Sedan, l'héritier de Napoléon III évoquât, en passant, la grande figure de Napoléon Ier. « C'est l'âme de mon oncle qui m'a toujours inspiré et soutenu, » a dit l'Empereur défunt dans son testament. Bien différent du comte de Chambord qui néglige, en ses déclarations, ses ascendants immédiats, pour ne parler que du vainqueur d'Ivry et de son panache blanc, le Prince Impérial n'a point usé du souvenir ni du prestige qui s'attachent au fondateur de sa race. Il a parlé en termes dignes et tristes de Sedan, et n'a fait briller au-dessus de cette catastrophe, aucun rayon du soleil d'Austerlitz.

Où sa réserve éclate le mieux, c'est lorsque, parlant du maréchal de Mac Mahon et rappelant qu'il avait été le compagnon des gloires et des malheurs de Napoléon III, Monseigneur s'est arrêté sur la pente d'une phrase qui naturellement devait l'amener à dire que la grande part de responsabilité dans les désastres de Reischoffen et de Sedan revenait au duc de Magenta; mais comme le maréchal s'est accusé lui-même en deux circonstances, le fils de l'Empereur a jugé à propos de ne point réveiller un souvenir qui ne pouvait qu'être pénible au chef actuel du Gouvernement. Il s'est effacé plus qu'il ne s'est grandi, s'abstenant surtout de faire pressentir à quelles réparations nécessaires son règne serait consacré, négligeant, sans le répudier, le droit qu'il tient des plébiscites antérieurs, et ne demandant sa restauration qu'à des plébiscites nouveaux.

La plupart des Français ont jugé très-favorablement le discours du Prince Louis-Napoléon. Par les gens dont la folie républicaine et l'ambition des places n'ont point troublé la raison, il a été considéré comme un fait de favorable augure. Dans les ateliers, dans les cercles, à la Bourse, on n'a pas eu de peine à reconnaître qu'aucun des partis dont les compétitions sans issue occupent le pays depuis la chute de l'Empire, n'a laissé voir une ambition plus patriotique et plus loyale. Les ministres et les députés en ont été troublés ; ils ne semblaient pas s'attendre à voir l'Empire se relever si facilement et trouver, dans l'affirmation du droit populaire, la solution la plus agréable et la plus conforme aux vœux du pays. Le désordre a été tel dans le Gouvernement, que le ministre de l'intérieur, fidèle à sa circulaire, a intimé au préfet de Versailles l'ordre de révoquer de ses fonctions de maire de Courson, M. le duc de Padoue, coupable d'avoir fait le voyage de Chislehurst, et d'avoir harangué le Prince. Courson est une petite commune de Seine-et-Oise où M. de Padoue avait accepté la mairie par dévouement beaucoup plus que par ambition. Cette disgrâce l'a fait sourire ; elle n'a causé de préjudice qu'à ceux qui, après avoir adopté cette mesure, ont pris le soin puéril de la faire présenter, dans leurs journaux, comme une réponse du Septennat à la manifestation du 16 mars (1).

En dehors du monde officiel, le discours du Prince Louis-Napoléon a été diversement apprécié. Quelques gens des partis avancés l'ont accueilli par de grossières injures adressées à Napoléon III et à son héritier. Ceux qui essayaient de concilier le respect d'eux-mêmes avec des critiques qu'ils ne pouvaient retenir, se rejetaient sur quelques inexpériences grammaticales que le Prince aurait facilement évitées s'il n'avait pris à Wolwich l'habitude de parler et d'écrire en anglais. Les républicains et les radicaux ne s'indignaient point au sujet de la grammaire, qui leur est étrangère ou à peu près indifférente; mais ils s'indignaient de l'audace d'un fils qui ose parler favorablement de son père, de l'outrecuidance d'un jeune Prince qui ose invoquer la volonté populaire en promettant de la respecter. Ces mauvais sentiments ont trouvé un écho, le 18 mars, jusque dans l'Assemblée nationale, où M. Challemel-Lacour, poursuivant contre le Cabinet d'incessantes querelles, a répété des diatribes dont cet orateur, qui est aussi journaliste à ses heures, avait fait l'essai, la veille, sur les lecteurs de la *République française;* mais, ni la droite, ni les centres n'ont approuvé son langage; ils ont répondu à cette tentative par un silence glacial.

La manifestation du 16 mars et les déclarations politiques qui en ont marqué le caractère, ont

_____

(1) Voir le *Journal de Paris* du 21 mars 1874.

donné lieu à des observations plus impartiales de la part du public et des journaux anglais. Nos voisins d'outre-Manche n'en sont pas d'ailleurs à leurs premières preuves de bon sens et d'équité. Ils ont consolé la Famille Impériale par une généreuse et délicate hospitalité; ils ont prodigué à l'Empereur autant de respect que certains Français lui témoignaient d'ingratitude. A l'occasion de la majorité de son fils, ils ont exprimé sans réserve et à l'envi les sentiments les plus favorables à la cause impériale. Il ne faut faire d'exception ni pour le *Daily News*, ni pour le *Daily Telegraph*, ni pour *The Hour*, ni pour le *Morning Post*, qui, dans d'autres circonstances, se sont montrés favorables aux ennemis de l'Empire. Le *Standard* affirme que le jeune Prince s'est acquitté de sa tâche avec beaucoup de tact et de jugement; le *Morning Post*, que la restauration de l'Empire est plus que jamais possible, l'*Evening Standard* que les articles de quelques feuilles françaises contre le fils de l'Empereur « insultent à la décence et au bon goût, et qu'ils ne peuvent qu'augmenter la réaction en faveur de la victime de tant de malheurs immérités. »

La plus remarquable appréciation de l'événement du 16 mars a été faite par le *Times*. Un des articles qu'il a publiés sur ce sujet commence de la sorte :

« Il serait puéril de nier l'importance de la grande démonstration qui vient d'avoir lieu à Chislehurst.

« Les Anglais, qui n'ont aucun rapport politique direct avec la dynastie Impériale, n'ont pu lire sans une vive émotion les détails de cette belle journée à Camden Place.

« Un autre Napoléon montera-t-il au trône de France?

« L'aigle blessé à Sedan est-il prêt à reprendre son essor ?

« L'ouragan de haines et de malédictions qui s'est abattu sur le nom et sur la famille Bonaparte s'est-il apaisé, et le soleil d'Austerlitz va-t-il luire encore de tout son éclat ? »

Le journal de la Cité répond sans embarras à ces questions. Il rappelle que déjà les chefs du parti impérialiste figurent au nombre des éminents hommes d'Etat qui occupent le pouvoir; que, depuis la ruine des espérances royalistes, ils ont parlé ouvertement de la majorité du Prince Impérial et annoncé qu'il ferait son entrée sur la scène politique comme l'héritier et le successeur de son père. Le *Times* ajoute :

« Leur prophétie s'est maintenant accomplie. Le 16 mars a été célébré d'une façon qu'on ne pourra oublier de sitôt. On a voulu produire de l'impression et le but a été atteint. Mais nous sentons que ce n'a pas été une cérémonie vide de sens, ni une simple manifestation d'amis ou de serviteurs attachés à la Famille par les liens de la reconnaissance. Les bonapartistes ne se sont pas donné tant de peine pour exprimer simplement leurs espérances ou leurs regrets. Non, ils sont venus délibérément de tous les points de la France pour accomplir un acte national d'hommage au quatrième Napoléon. Le parti bonapartiste s'est, par ce fait même, constitué d'une manière solennelle. »

. . . .

« L'héritier des Bonaparte a donc à son service un gouvernement complet; il tient le second Empire dans ses mains, n'attendant que l'occasion de le transformer en un troisième. Le second Empire a été renversé par l'invasion prussienne et les menées révolutionnaires des républicains, mais son organisation demeure intacte. Un des plus singuliers phénomènes de la politique française, c'est la stabilité de l'Impérialisme officiel et politique. Quels qu'aient été les travers des bonapartistes quand ils étaient au pouvoir, ils sont restés unis.

« Si c'est par sincérité, leur conduite est digne de tous les éloges ; si, comme certaines personnes l'affirment, ils ont agi par égoïsme ou par intérêt, nous avons au moins la preuve convaincante qu'une grande agglomération d'hommes éprouvés, expérimentés et entreprenants ont la croyance que l'Empire est encore possible malgré les manœuvres de ses ennemis.

« Si c'est ainsi que la démonstration de lundi est jugée par les Anglais désintéressés et de sang-froid, quel effet peut-elle produire en France? Nous serions fort surpris si l'anniversaire de la naissance du Prince Impérial n'avait pas une influence considérable sur la politique française. Les Impérialistes lèvent aujourd'hui la tête ; ils se montrent comme les Légitimistes, il y a six mois ; les autres partis affectent en vain une indifférence méprisante ; ils ne parviennent pas à dissimuler leur inquiétude. A Paris, on parle plus que jamais de l'Empire et du Prince Impérial ; on revient sans cesse sur le même sujet, comme s'il n'y avait pas d'autre perspective politique. Au delà, il n'y a qu'ombre et chaos.

« Il est un point cependant qui mérite la plus sérieuse considération, c'est que le Gouvernement français, la majorité de l'Assemblée et la Commission des Trente courent avec une frivolité et une folie incroyables vers des dangers qui risquent d'engloutir avec eux la société tout entière. Les hommes qui se proposent avec une témérité aussi présomptueuse de supprimer le tiers des électeurs de France par la simple volonté d'une Assemblée,

. . . .

« Ces politiques imprudents font beaucoup plus pour les progrès de la Démocratie Impérialiste que toutes les menées des Bonapartistes eux-mêmes. »

Ce froid raisonnement mérite d'être recueilli ; un jour viendra où il y aura plus d'honneur à l'avoir fait qu'à s'être laissé emporter au mauvais courant des colères et des vanités blessées. C'est dans cette note grave que s'est tenue la diplomatie européenne. Celle-ci a pris grande attention au discours du Prince Louis-Napoléon ; les cours étrangères à qui notre République pèse beaucoup, ont été impatientes de le connaître et n'ont rien négligé pour laisser voir combien elles en éprouvaient de satisfaction. Il n'est jamais arrivé à aucun prétendant de produire un tel effet : la plupart de ceux que nous avons connus peuvent parler, discourir à leur aise, émettre telles idées qu'il leur plaît, ils n'émeuvent point l'Europe; c'est à peine s'ils intéressent la France.

Le Pape a complimenté son filleul par l'entremise d'un de ses camériers; Sa Sainteté a renouvelé les bénédictions qu'elle avait répandues, il y a dix-huit ans, sur le berceau de l'Enfant de France. La reine d'Angleterre, retenue par des devoirs constitutionnels, n'a pu venir elle-même visiter le jeune Prince, mais elle lui a envoyé ses compliments. Le duc et la duchesse d'Édimbourg, à peine arrivés de Russie où ils venaient de s'unir, se sont rendus à Camden Place pour saluer le Prince Impérial et le féliciter.

Les plus ardentes sympathies ont été celles qui ont éclaté dans le parc de Camden pendant que le Prince prononçait son discours; à chaque phrase, un murmure d'approbation s'élevait de la foule. Monseigneur, du reste, savait accentuer ses phrases et donner de la valeur aux mots; il montrait de l'énergie et de l'émotion, selon qu'il éprouvait lui-même l'une ou l'autre. C'est par le ton de sa lecture autant que par la rédaction du discours qu'on a pu voir à quel point il avait l'intelligence et le sentiment des choses.

Il ne faut pas essayer de décrire les transports qui, la lecture finie, s'emparèrent des assistants :

c'était une clameur immense ; les plus calmes ne
pouvaient se défendre de crier : Vive l'Empereur !
les plus ardents criaient : À Paris ! à Paris ! Il
fallut laisser passer cette crise d'enthousiasme.
Elle se prolongea plus longtemps qu'on ne l'aurait cru, grâce au pittoresque défilé des déléga-
tions qui passèrent toutes, l'une après l'autre,
devant le Prince. On y voyait figurer des costu-
mes de tout pays, des gens en bonnet basque,
en chapeaux bretons et des campagnards en
leurs lévites des grands jours.

Il se produisit des incidents nombreux et des
plus intéressants, dont le récit ne peut trouver ici
sa place. Il importe cependant de ne point laisser
tomber dans l'oubli cette parole d'un gentilhomme
bordelais au Prince Impérial : « Monseigneur,
j'étais légitimiste, mais le comte de Chambord ne
peut pas ou ne veut pas régner ; je viens saluer
en vous le chef de la nouvelle légitimité. » Il y
eut une vive émotion lorsque fut présentée la
doyenne des dames de la Halle, Mme Lebon, qui,
malgré son âge et au mépris des équinoxes, était
venue de Paris à Chislehurst. La brave dame,
tout en pleurs, remit au Prince, avec un énorme
bouquet, un paquet d'adresses, de lettres et même
de poésies dont elle s'était chargée. Cela fait,
Mme Lebon rappela qu'il y a dix-huit ans elle avait
été admise à embrasser Monseigneur dans son
berceau. Cet antécédent lui créant un droit incon-
testable, elle fut embrassée à son tour par le
Prince. Cette scène émut beaucoup tous ceux qui
en furent témoins.

Outre les présentations générales, il y en eut de

particulières pour les anciens fonctionnaires, et même pour des écrivains dont le Prince semble apprécier, comme il convient, le concours et le talent. Il y en avait bien peu de ceux qui ont consacré leur plume à la cause de l'Empire, qui eussent voulu manquer à cette fête sans de graves raisons.

Parmi les absents, était le Prince à qui appartient le premier rang après le chef de la Maison. Toutefois, on a peut-être mal expliqué les motifs qui ont empêché S. A. I. le prince Napoléon-Jérôme de venir prendre sa part dans une fête qui intéresse sa famille autant que son pays. On raconte que Monseigneur ayant eu la bonne pensée de l'y inviter par écrit, le prince Napoléon répondit fort courtoisement qu'il eut vivement désiré se rendre à cette cordiale invitation ; mais qu'il ne s'était point, jusqu'à présent, assez bien entendu avec les conseillers de son auguste parent pour que sa présence à ses côtés fût suffisamment justifiée. Encore qu'il regardât comme très-convenable pour lui de paraître à cette cérémonie à la droite du futur Empereur et de reprendre la place qu'il occupa toujours auprès de l'ancien, il ne pensait pas que l'influence qu'il avait exercée, depuis un an, dans les affaires de la Famille et dans la politique du parti lui donnassent droit, dans une pareille cérémonie, au rôle qu'on voulait lui faire jouer. Le Prince aurait même ajouté, à l'appui de son refus, qu'en se rendant à Chislehurst le 16 mars, il courait le risque de rencontrer dans la résidence impériale quelques-unes des personnes qui l'avaient récemment outragé.

Ces excuses, tout en causant de vifs regrets à Sa Majesté l'Impératrice et au Prince Impérial, durent leur paraître d'autant plus acceptables qu'ils n'ignoraient point que, dans la conduite du prince Napoléon-Jérôme, il n'y avait rien qui cachât de perfides desseins. Le gendre du roi d'Italie semble s'être laissé aller à des déclarations et à des fréquentations par trop démocratiques ; il n'y a point de raison cependant pour qu'on lui prête le projet peu loyal de vouloir jouer, dans la famille Bonaparte, le rôle détestable des princes d'Orléans dans la famille des Bourbons. Il a du savoir, de l'esprit et l'âge mûr ; il est doué, selon M. About, d'un masque césarien ; il est bien apparenté en Europe ; mais il a trop d'esprit et de droiture pour revendiquer la couronne impériale. Tout au plus, dans l'hypothèse où le régime actuel se pourrait prolonger, voudrait-il utiliser son nom, son masque, ses talents et ses alliances pour disputer à un d'Orléans la présidence d'une république éphémère. Cette chimérique ambition peut s'appuyer sur de bons antécédents.

Voilà comme il faut comprendre le prince Napoléon ; c'est de cette manière, je crois, qu'il est compris dans sa famille et accepté. Ce n'est pas à Camden Place qu'on entend médire de ce Prince à qui l'Empereur portait une réelle affection ; du reste, dans cette journée du 16 mars, les cœurs étaient plus que jamais enclins à la confiance et à la bonté.

L'Impératrice était à coup sûr la plus émue ; elle avait entendu le matin l'abbé Godard lui annoncer, au prône, que sa tâche était achevée ; le prêtre, en termes délicats, avait semblé prédire à la Souveraine que la politique et le trône allaient bientôt lui reprendre son Fils et que c'était à Dieu désormais de veiller sur lui. Ces paroles ne laissaient point que de mêler un peu de mélancolie aux agréments de cette journée ; Sa Majesté cependant s'élevait au-dessus du sentiment maternel. De même qu'en envoyant son Fils sur les champs de bataille, son unique sollicitude avait été qu'il se montrât digne de son nom et de sa destinée, de même, en le voyant entrer dans sa majorité, elle ne souffre point de la crainte de le perdre, mais de la crainte qu'il ne soit pas aussi bon, aussi ferme, aussi généreux qu'elle serait en droit de l'espérer. L'Impératrice, d'ailleurs, sait bien quelle place elle occupe dans les affections de son Fils ; elle sait qu'elle sera toujours assez près de son cœur pour s'y reposer de ses angoisses et de ses tribulations.

Les visiteurs de Chislehurst qui ont été reçus en audience particulière par Sa Majesté et par Monseigneur ont pu s'assurer des bons et patriotiques sentiments dont ils sont animés et de l'union étroite qui existe entre tous les membres de la Famille impériale. Il est à souhaiter que les jalousies et les ambitions inquiètes ne la troublent jamais.

La journée du 16 mars s'est terminée avec moins d'éclat et moins de bruit à Chislehurst qu'elle ne se serait terminée à Paris. On n'a point tiré de feux d'artifices, mais chacun s'est éloigné emportant de délicieuses impressions et les plus fermes espérances. Le lendemain et le surlendemain, beaucoup de personnes sont revenues faire une dernière visite avant de regagner la France; elles avaient une peine infinie à se détacher de ces lieux où tant de joies avaient éclaté après tant de douleurs. On se rappelait à propos l'île d'Elbe et on faisait la remarque que lorsque le premier Empereur remonta sur le trône après sa captivité dans cette île, la France n'était pas venue le chercher comme il semble qu'elle vient chercher le quatrième Napoléon dans son exil de Chislehurst.

C'est bien à regret que quelques braves campagnards arrivés à grand'peine et à grands frais des villages les plus reculés s'en retournaient sans ramener en France le fils de Napoléon III; leurs adieux furent touchants et marqués au coin de la plus inébranlable fidélité et de la plus tenace espérance. Les sept mille Français qui ont fait le pèlerinage du 16 mars ne manqueront point de raconter ce qu'ils ont vu et ce qu'ils ont entendu; la propagande de leurs récits sera très propre à hâter le dénouement que tout bon Français désire. Ils portent sur les divers points de la France la bonne nouvelle que les bergers de Bethléem répandirent dans la Judée après avoir contemplé de leurs yeux le Sauveur du monde; ils vont glorifiant Dieu et disant à tous les gens de leur connaissance de se réjouir parce que le Prince, qui les a reçus, qui leur a parlé, qui leur a serré la main, a le regard, la parole, l'âge et la raison d'un homme et qu'il est en état de les sauver de la République et de la misère.

Enfin, se sont-ils dit en s'éloignant du rivage d'Angleterre, il arrivera ce qui pourra ; nous avons un Empereur.

Quand les manifestations du 16 mars furent terminées, la vie à Camden House, reprit son cours ordinaire. Le Prince pensa d'abord retourner à Wolwich, où il avait encore dix mois à rester pour épuiser le programme d'études de cette académie.

Quelques-uns de ses conseillers, dont l'opinion ne put prévaloir, pensaient que la qualité d'étudiant dans une école spéciale ne s'accordait guère avec cette majorité qu'on venait de reconnaître et de proclamer si haut. Ils craignaient que le préjugé populaire ne se refusât à considérer comme réellement émancipé un jeune Prince que l'on retenait encore sur les bancs, qui avait des maîtres, qui subissait une discipline. Comment lui faire admettre qu'on pût briguer à la fois un diplôme et un trône ?

En le voyant dans cette position, les adversaires de l'Empire, qui sont encore puissants et nombreux, ne diraient-ils pas comme ils ont déjà fait à l'occasion de la majorité, dans un langage des plus irrévérencieux, que celui que l'on offrait à la France pour la relever et réparer les fautes commises « n'était qu'un jeune adolescent, » un « écolier de dix-huit ans » ? Sans doute, à l'académie de Wolwich, Monseigneur se trouve dans la compagnie d'hommes faits ; il s'y livre à des études et à des exercices pour lesquels il faut la maturité de l'esprit et du corps; mais sa présence dans un établissement mal connu en France ne serait-elle pas exploitée au détriment du Prince et au détriment de sa cause? Ces imputations, appuyées sur des fictions beaucoup plus que sur des réalités, ne porteraient-elles pas une atteinte grave au prestige impérial?

Les amis dévoués à qui sont venus ces scrupules ont pensé qu'il serait mieux aussi de ne point laisser plus longtemps à côté du Prince Impérial le jeune précepteur qui dirigeait ses études à l'époque de sa première communion. D'après eux, le vulgaire, qui s'arrête toujours aux apparences, serait porté à croire que Son Altesse n'ayant point changé de professeur depuis qu'il avait onze ou douze ans, n'est pas plus avancé aujourd'hui qu'il ne l'était à cet âge. Quelqu'un de considérable, doué d'une science politique et de plus d'expérience des hommes que n'en peut donner l'École normale, semblerait appelé à rendre désormais au Prince et à son parti des services qu'on n'ose plus attendre de M. Filon. En même temps que ce personnage serait introduit auprès du futur Empereur, et que l'atmosphère du premier âge serait un peu renouvelée autour de lui, on reconnaissait qu'il était urgent de lui composer une Maison militaire et de remplacer les petits camarades par des aides de camp et des officiers d'ordonnance.

Jusqu'à présent ces avis n'ont pas été suivis; l'Impératrice et son Fils ont décidé qu'il ne fallait pas tant se préoccuper des préjugés et des apparences ; qu'il importait surtout que l'héritier de Napoléon III se mît en état de bien apprendre ce qu'il faut qu'un souverain connaisse pour justifier la confiance qu'une nation place en lui. Dans l'école de Woolwich, le Prince a des maîtres qui, M. Filon aidant, le peuvent élever à la hauteur de sa destinée. Monseigneur se plaît beaucoup dans cet établissement ; il y a obtenu des succès récents qui lui en rendent le séjour de plus en plus agréable. Il y va donc retourner avec l'intention bien arrêtée d'y rester encore dix mois et d'en sortir avec le brevet d'officier ou avec la couronne d'Empereur, selon que d'ici là le *Septennat* aura bien ou mal rempli sa mission.

Tout est si fragile en France, depuis que l'on y est dans la période des essais, que l'on doit se précautionner contre tous les accidents. Lorsqu'on a vu des gouvernements qui devaient durer toujours disparaître au bout de quelques années, il ne faut point admettre comme invraisemblable qu'un régime destiné à vivre sept ans ne vive pas plus de dix mois. Quoi qu'il en soit, si ce malheur arrivait au *Septennat*, ce ne serait point par les manœuvres des Bonapartistes qu'il serait renversé, mais par les périls qui tiennent au vice même de son origine, par les piéges de toute sorte qu'il rencontre dans l'Assemblée, par les interpellations de la gauche, par les hostilités de l'extrême droite, par tous les fagotages de gens qui n'ont d'autres besoins que de parler, de briller et de se contenter de toutes les manières et par tous les moyens. L'abus des expédients parlementaires doit causer au *Septennat* plus de préjudice que nos témoignages publics et nos anniversaires. Nos amis l'ont aidé à naître, ils ne le feront point mourir avant son heure. Aussi longtemps que le droit populaire sera sauvegardé, ils lui prêteront leur appui. Ce qu'ils demandent au duc de Magenta ce n'est point de proclamer l'Empire; ils lui demandent de ne point s'opposer à ce que la nation le proclame, alors même que M. le duc de Broglie, M. le duc d'Audiffret, M. le duc d'Aumale ou tout autre duc y verraient des inconvénients. Nous demandons au maréchal une chose fort simple : c'est, le cas échéant, de faire son devoir.

Le devoir, où est-il pour le duc de Magenta?

L'histoire d'Angleterre nous offre l'exemple d'un homme d'épée sur qui pesèrent un moment les mêmes responsabilités qui pèsent aujourd'hui sur le maréchal de Mac-Mahon. Monk, voulant aussi faire son devoir, se tourna vers l'opinion publique. Dans sa belle histoire d'Angleterre, Macaulay raconte comment il en put connaître les tendances :

« Partout où il passait, dit cet illustre historien, on se pressait autour de lui, le suppliant d'user de son pouvoir pour rendre la paix et la liberté à cette nation déchirée. Le général, froid, taciturne, n'ayant de passion pour aucune religion ni pour aucune cause politique, se maintenait dans une impénétrable réserve. Quel était son plan, et même en avait-il un à cette époque? Ce sont là des questions incertaines et douteuses. Son but principal, probablement, était de conserver aussi longtemps que possible la liberté de choisir entre différentes lignes de conduite. Telle est, d'ailleurs, ordinairement la politique des hommes qui comme lui se distinguent plutôt par la circonspection que par la clairvoyance. Ce ne fut probablement que plusieurs jours après son arrivée dans la capitale qu'il prit son parti. Le cri du peuple entier appelait un libre parlement, et il n'était pas douteux qu'un parlement réellement libre rappelerait immédiatement la famille exilée. Le parlement *croupion* était universellement détesté et méprisé.

« Pendant quelque temps, la dissimulation ou l'irrésolution de Monk tint tous les partis dans un état de pénible attente ; enfin, il rompit le silence et se déclara pour un libre parlement.

« Aussitôt que sa déclaration fut connue, la nation entière devint folle de joie. Partout où il paraissait, des milliers d'hommes l'entouraient, l'applaudissant et bénissant son nom. Les cloches de toute l'Angleterre sonnaient joyeusement, l'ale coula dans les ruisseaux, et plusieurs nuits de suite, le ciel, à une distance de cinq milles autour de Londres, fut éclairé des reflets rouges d'innombrables feux de joie. »

On ne peut savoir si le duc de Magenta ira chercher des modèles en Angleterre, s'il s'inspirera des leçons de l'histoire, des conseils des siens, de ses préférences personnelles ou des inspirations de sa conscience. Agira-t-il en homme de parti, en citoyen désintéressé, avec la prudente lenteur d'un politique, avec la brusquerie d'un soldat ?

Tout ce qu'on peut dire, c'est que si, comme Monk, il se mêlait aux foules, il entendrait partout des voix le supplier de donner à la France un gouvernement stable, fondé sur le consentement de la nation. S'il faisait consister tout son devoir à seconder les vœux de la France et à nous être utile, le maréchal de Mac-Mahon ne serait pas embarrassé de savoir quelles justes prétentions il doit soutenir du prestige de son autorité.

Le jour où un gouvernement nous arrivera par l'initiative ou par la condescendance du Maréchal, il faut que dans toute la France les cloches sonnent comme elles sonnèrent en Angleterre pour annoncer la restauration de Charles II; il faut que les maisons s'illuminent et que, par toute la campagne, des feux de joie resplendissent au sommet des coteaux.

Si l'on ne se réjouissait qu'à Versailles ou dans quelques maisons du faubourg Saint-Honoré, chez les ministres ou dans certaines résidences princières, le duc de Magenta devrait regretter d'avoir été, jusqu'à ce jour, tant ménagé par les boulets.

Je rêve pour mon pays un gouvernement sorti fort et rajeuni des urnes populaires, un gouvernement auquel on n'aura rien à reprocher dans le passé, de qui l'on aura tout à attendre pour l'avenir. Il ne sera permis à personne de contester son origine, puisqu'il n'aura exercé aucune action directe sur le scrutin qui l'aura consacré; il n'aura été précédé d'aucune violence ni d'aucune pression. Chacun, si grand qu'il soit par les talents et par la naissance, lui pourra obéir sans déroger. De son côté, ce gouvernement n'aura besoin de se venger de personne, ni de craindre personne. Les gens de tous les partis, les princes, à quelque famille qu'ils appartiennent, éconduits par la décision populaire, pourront cohabiter avec le nouveau régime. Celui-ci n'aura d'autres ennemis que les ennemis de la société; ses amis et ses auxiliaires seront tous les Français impatients de voir leur patrie sortir des intrigues qui lui font perdre son rang et sa dignité.

Paris-Imp. PAUL DUPONT, 41, rue Jean-Jacques-Rousseau. 1088.3.74

www.ingramcontent.com/pod-product-compliance
Lightning Source LLC
Chambersburg PA
CBHW061727060726
47597CB00006B/2600